Abbé Pierre

Was ist das, der Tod?

Abbé Pierre

Was ist das, der Tod?

Ein Gespräch über den Sinn des Lebens

Aus dem Französischen
von Bruno Kern

Tyrolia-Verlag · Innsbruck-Wien

Titel der französischen Originalausgabe:
„C'est quoi la mort?"

Mitglied der Verlagsgruppe „engagement"

Bibliografische Information Der Deutschen Nationalbibliothek
Die Deutsche Nationalbibliothek verzeichnet diese Publikation in der Deutschen Nationalbibliografie; detaillierte bibliografische Daten sind im Internet über http://dnb.d-nb.de abrufbar.

Umschlaggestaltung: Tyrolia-Verlag, unter Verwendung eines Fotos von Howard Bingham
Layout und digitale Gestaltung: Tyrolia-Verlag, Innsbruck
Druck und Bindung: FINIDR, Tschechien
ISBN 978-3-7022-3200-9
E-Mail: buchverlag@tyrolia.at
Internet: www.tyrolia-verlag.at

„Das Leben,
das ist ein wenig Zeit,
die freien Menschen gegeben ist,
damit sie – wenn du willst –
lieben lernen."

Vorwort

Ich bin im Alter eurer Urgroßeltern – falls ihr das Glück habt, noch welche zu haben. Tatsächlich bin ich fast zu Beginn des 20. Jahrhunderts geboren, im Jahr 1912. Meine Eltern lebten in Lyon, und wir waren mehrere Geschwister. Ich bin das fünfte von insgesamt acht Kindern. In meiner Kindheit habe ich viel Freude erlebt. Wie alle Kinder bin ich zur Schule gegangen, und wie alle anderen auch habe ich mir Fragen über den Sinn des Lebens und des Todes gestellt. Meine Eltern waren Christen und haben mir von Gott erzählt, aber vor allem haben sie mir durch ihre Art zu leben gezeigt, dass er uns nahe ist. Ich hatte auch den Wunsch, eines Tages Ordensmann zu werden. Sieben Jahre lang habe ich den Großteil meiner Zeit dem Gebet gewidmet. Dann habe ich – aus gesundheitlichen Gründen –

das Kloster verlassen und bin Weltpriester geworden. Das war während der Zeit des Krieges zwischen 1939 und 1945. Es gab schmerzhafte Situationen, in denen ich Gefahren auf mich nehmen musste, um den vom Unglück Heimgesuchten zu helfen.

Nach dem Krieg hat man mich gefragt, ob ich Abgeordneter der Nationalversammlung werden wolle. Zur selben Zeit entstand *Emmaus*, eine Bewegung, die sich denen widmet, die am meisten leiden. Alles begann mit der Begegnung zwischen einem Pfarrer, der durch Zufall Abgeordneter geworden war, und einem verhinderten Selbstmörder, der gerade zwanzig Jahre Gefängnis hinter sich hatte. Georges und ich gründeten die erste Emmaus-Gemeinschaft, die in zahlreichen Ländern der Welt präsent ist. All diese Jahre voller Freude, vermischt mit vielerlei Sorge, mit Aufbegehren und Leid, waren es, die mich einige wesentliche Wahrheiten gelehrt haben, die ich nun weitergeben kann – besonders an Kinder. Während all dieser Jahre habe ich mir stets viel Zeit genommen, um in Stille und Gebet die Stimme Gottes im Grund meines Herzens zu vernehmen.

Ich glaube, dass mich diese lange Wegstrecke, die ich zurückgelegt habe, heute dazu befähigt, auf die einfachste Weise der Welt die Frage zu beantworten, die mir gestellt wurde: „Was ist der Tod?“

Abbé Pierre
(im Alter von 87 Jahren)

Als ich so alt war wie du, habe ich mir auch viele Fragen über den Tod gestellt. Das ist eine lange Geschichte. Vom Tod sprechen heißt auch vom Leben sprechen. Man muss nur seine Augen weit genug aufmachen, um das Leben, das von allen Seiten auf uns einströmt, wahrzunehmen. Weißt du, ich habe es immer schon geliebt, die Natur zu betrachten, und sehr oft bin ich nachts aufgestanden, um den Sternenhimmel zu bewundern. Ich habe den Himmel sehr oft fotografiert, und das nicht nur in Frankreich, sondern auch in anderen Ländern der Welt. Das ist ein Abenteuer, bei dem man viel lernen kann. Siehst du, wenn man den Himmel lange genug beobachtet, dann ist das eine Weise, das Leben selbst zu sehen, es zu spüren. Doch genauso ist es auch, wenn man ein Kind betrachtet, das gerade erst auf die Welt gekommen ist.

Was für ein Wunder! Dieses ganze Leben, das heranwächst und sich entwickelt, schwindet eines Tages dahin … So ist das. Es ist ein natürlicher Kreislauf, in dem das Leben und der Tod miteinander verbunden sind. Auch wenn du noch jung bist, so konntest du sicher schon in deiner Umgebung feststellen, dass der Tod verschiedene Gesichter hat. Bestimmte Menschen sterben an einem Unfall, andere durch Gewalt, Krieg, Hunger, Krankheiten oder ganz einfach, weil sie alt sind – wie eine Kerze, die mit der Zeit abbrennt und erlischt. Auf diese Weise ist der Tod nichts anderes als die Verlängerung des Lebens.

Und was bedeutet das Wort „Tod"?

Sterben bedeutet das Leben verlassen, weggehen, aus den Augen derer verschwinden, die man liebt. Für mich ist der Tod eigentlich keine Trennung, sondern eine Fortsetzung. Er ist kein Ende, sondern eine Erneuerung. Es ist, als ob man aus dem Schatten heraussträte, um ins Licht einzutauchen …

Von welchem Licht redest du?

Ich glaube, dass es eine große Kraft gibt, die voller Güte ist und die weiß, wohin die Dinge gehen. Die Gläubigen nennen sie Gott. Ich benutze dieses Wort niemals für sich allein. Ich spreche lieber von *Gott, der die Liebe ist*, weil Liebe vor allem ein Geschenk ist, das man anderen macht. Damit ist alles gesagt. Auf diese Weise erhält das Wort *Gott* seine ganze Bedeutung. Gott, die Quelle des Lebens, ist Liebe. Du wirst das verstehen. Warst du schon einmal am Ufer eines Baches?

Ja, im Naturkundeunterricht! Wir haben sogar versucht zu fischen!

Gut. Du hattest Gelegenheit, über die schönen Dinge der Natur zu staunen. Interessiert es dich nicht zu wissen, woher das Wasser des Baches kommt? Um das zu erfahren, muss man seinem Lauf bis zu seiner Quelle folgen. Du wirst mir recht geben: Ohne die Quelle könnte es den Bach mit seinem schönen, klaren Wasser nicht geben. Und für uns Gläubige kommt das Leben aus einer nie versiegenden Quelle, der Liebe. Ohne diese Gabe Gottes wäre unser Leben traurig, gleichsam leer, ohne Licht. Gott, der die Liebe ist, schenkt das Leben und nimmt uns im Augenblick des Todes auf.

Kann man vorauswissen, in welchem Augenblick Gott uns bei sich aufnimmt?

Im Zweiten Weltkrieg warst du noch nicht auf der Welt. Damals musste man Menschen in Todesgefahr retten. Ich musste verschneite Gebirgspässe in zweitausend Metern Höhe überqueren. Ich musste unaufhörlich gegen die Kräfte der Natur ankämpfen. Mehr als jemals zuvor war jeder von uns vom Willen durchdrungen, zu überleben. Ich spürte das Leben in mir. Nichts konnte mich aufhalten. Heute, da ich sehr alt geworden bin, verlässt mich das Leben nach und nach. Meine Kräfte haben nachgelassen, und ich trage die Last meiner vielen Lebensjahre. So ist es, die Zeit hat meinem Leib und meinem Geist ihren Stempel aufgedrückt. Aus all diesen Gründen denke ich daran, dass Gott, der die Liebe ist, bald bereit sein wird, mich aufzunehmen. Doch du kannst dir sicher sein, ich bin darüber glücklich, denn bald werde ich in heiterer Gelassenheit zu Gott gelangen, der die Liebe ist.

Muss man also warten, bis man alt ist, um den Tod zu verstehen?

Nein. Das Alter ist nicht die einzige Gelegenheit, um Gott spüren zu können. Seit meiner Kindheit und selbst als Jugendlicher war ich oftmals schwach und zeitweise sehr krank. Während der schwierigen Anfangszeit von Emmaus glaubte man sogar, dass es für mich zu Ende gehe und dass ich nichts mehr tun könne. In diesen Momenten spürt man, dass das Leben dabei ist, einen zu verlassen. Damals war ich noch jung und hatte das Leben noch vor mir. Das ist schwer zu erklären. Doch vielleicht ist es nützlich, wenn ich dir nicht einfach nur etwas erzähle, sondern dir einige Erklärungen über das liefere, was man in seiner Seele empfindet, wenn man den Tod vor Augen hat. Natürlich hat eine solche bewusste Annäherung an den Tod etwas Außergewöhnliches an sich. Und vor allem das möchte ich dir vermitteln. Wenn du magst, dann hör dir die Geschichte von diesem Abenteuer im Jahr 1963 an. In meinem Kopf schwirren viele Erinnerungen daran herum. Es ist eine lange Geschichte, eine sehr lange Geschichte. Alles begann in einem kleinen Haus in Chaclacayo in Peru in Südamerika. Das war ein kleines Dorf in den Bergen, etwa zwanzig Kilometer von Lima entfernt. Zu jener Zeit war Europa erschüttert wegen eines Dramas, das sich zwischen Uruguay und Argentinien ereignet hatte. Viele Passagiere waren bei einem Schiffsunglück zu Tode gekommen. Ich selbst war an Bord dieses Schiffes …

Wenn du auch an Bord warst, wie hast du dann überlebt?

Wart's ab, du wirst das schon verstehen. Ich hatte am 10. Juli den ganzen Tag in Las Flores verbracht. Das liegt in Uruguay, einige Kilometer von Montevideo entfernt. Dort unten ist das Leben sehr hart, besonders im Sommer. Denn Südamerika liegt auf der südlichen Erdhalbkugel, und im Vergleich zu Europa sind die Jahreszeiten genau umgekehrt. Während unserer Sommermonate herrscht dort ein richtiger Winter, der das Land heimsucht, wo die Kälte, der Regen und manchmal der Schnee das Klima eisig werden lassen. Aus all diesen Gründen hatten wir uns dazu entschlossen, so schnell wie möglich zu handeln, um den Schutzlosesten zu helfen. Um uns zu unterstützen, hatte ein Freund aus Israel Emmaus ein ziemlich großes Stück Land vierzig Kilometer vom Meer entfernt, nicht weit von Las Flores, geschenkt. Sofort hatten wir damit begonnen, mit sehr bescheidenen Mitteln eine Blechhütte als Unterkunft für die Kinder des Viertels zu bauen, in dem die ärmsten Leute von Montevideo wohnten. Es gab dort ein Zeltlager, das von Pater Sierra, dem Gründer von Emmaus in Uruguay, geleitet wurde. In diesem Zeltlager befanden sich etwa fünfzig junge Burschen, die auch zu Emmaus gehörten, und junge Leute aus den Elendsvierteln. Es waren alles Freiwillige und vor allem Freunde. Es war für mich ein Tag wunderbarer Freude gewesen, denn alle arbeiteten im Geist der Solidarität zusammen, die Emmaus so am Herzen liegt. Arme und Studenten schritten gemeinsam voran, Hand in Hand. Man sieht sehr wohl: Wenn die Hilflosesten die Möglichkeit haben zu arbeiten, dann stehen sie mutig ihren Mann. Und wenn man ihnen nicht sagt: „Tu das", wie das zu jener Zeit üblich war, sondern: „Machen wir das zusammen", dann gehen die Dinge voran.

Das ist also Emmaus? Dass alle zusammenarbeiten, um den Ärmsten zu helfen?

Ja, darin liegt die ganze Erfahrung dessen, was wir seit mehr als fünfzig Jahren leben. Heute wird diese Solidarität durch das, was Emmaus geschaffen hat, überall auf der Welt gelebt.

Aber was ist dann passiert? Warum hat deine Geschichte etwas mit dem Tod zu tun?

Das wirst du noch verstehen. Ich gebe zu, ich hole etwas weit aus, aber ich bin nicht mehr so jung wie du und ich brauche ein wenig Zeit, um meine Erinnerungen hervorzuholen. Also, am Nachmittag musste ich die Leute im Zeltlager ziemlich früh verlassen, um ein Flugzeug nach Buenos Aires in Argentinien zu nehmen, wo ein riesiges Arbeitspensum für Emmaus auf mich wartete. Aber dichter Nebel hinderte die Flugzeuge daran zu starten. Es war absolut notwendig, ein anderes Transportmittel zu finden. Weil wir den Luftweg nicht nehmen konnten, haben wir also den Weg über das Wasser gewählt! Schau dir die Landkarte an: Montevideo ist eine Stadt am Nordrand einer Mündungsbucht von riesigen Flüssen, wie des Rio Paraguay, des Rio Parana usw. Sie alle führen Wasser, das von weit, weit herkommt, wie etwa von Paraguay, Brasilien und Bolivien.

Warte ein wenig: Ich weiß nicht, was eine Mündung ist.

Das ist der letzte Teil eines Flusses, der oftmals von den Gezeiten mit betroffen ist. Die Mündungsbucht, von der wir hier reden, ist riesig groß und erstreckt sich über mehr als 250 Kilometer Länge.

Aha! Ich weiß, worauf du hinauswillst! Das Schiff – es ist das von der Katastrophe betroffene, von der du eben gesprochen hast.

Du bist schlau! Doch hab ein wenig Geduld, dazu kommen wir noch. Ich machte mich also auf den Weg, um ein Schiff zu nehmen. Diese 250 Kilometer werden regelmäßig jede Nacht von Flussschiffen befahren, und nie gab es einen Unfall. Ich hatte bis zur Abfahrt einige Stunden Zeit, um bei einem langjährigen Freund vorbeizuschauen, bei Pater Ramelot vom Dominikanerkloster in Paris. Dort traf ich auch einen anderen französischen Pater, den Abbé Audinet, der gekommen war, um Religionsunterricht zu geben. Auch er musste am nächsten Tag in Buenos Aires sein. Wie ich hatte er sich ebenfalls entschlossen, das Schiff zu nehmen, dessen Abfahrt auf neun Uhr festgesetzt war. Wir beschlossen also, zusammen zu reisen. Da die Flüge gestrichen worden waren, gab es einen regelrechten Ansturm auf andere Transportmittel, und besonders auf die Schiffe. Es war deshalb sehr schwierig, an Bord zu kommen. Die Leute rauften sich fast vor dem Steg, um an Karten zu kommen. Wenn ich mich recht erinnere, dann konnte diese Art von Schiffen etwa 350 Kojen haben und in ihren Räumen fünfzig bis sechzig weitere Passagiere aufnehmen. Später wurde nachgewiesen, dass diese Überbelegung mit Passagieren die Sicherheit des Schiffes überhaupt nicht beeinträchtigte. Da der Abbé Audinet spanisch sprach, gab ich ihm, während wir auf die Abfahrt warteten, meinen Pass und alle meine Papiere, damit er einen Platz in der Kabine suchen konnte. Nach unserer Abfahrt folgte das Schiff etwa eine Stunde lang einem unruhigen Kurs wegen der Sandbänke im Fluss. Während dieser Zeit haben mich viele Leute aus der Menge erkannt und wollten mit mir sprechen. Weißt du, bei dieser Art von Reisen, die normalerweise lange dauern, tut man sich zusammen, um „die Zeit totzuschlagen", wie man so schön sagt …

Dieser Ausdruck, den die Erwachsenen benutzen: „die Zeit totschlagen": Was heißt das?

Wenn du es besser findest, kann man auch sagen: Es heißt, irgendwelche Aktivitäten zu finden, damit die Zeit vergeht. Auf diese Weise wird einem nicht langweilig. Doch da ich von all dem Umherreisen sehr müde war, hatte ich es nicht nötig, die Zeit totzuschlagen, und habe mich dann von den Leuten zurückgezogen. Als ich in die Kabine kam, konnte ich dennoch dem Wunsch nicht widerstehen, allein eine Runde auf dem Schiff zu machen. Schließlich ging ich, erschöpft von der langen Reise, schlafen. Es war etwa vier Uhr morgens, als Abbé Audinet an meine Tür klopfte. Das Schiff lag bewegungslos mitten im Fluss, wir mussten an Deck gehen …

Deine Geschichte ist unglaublich! Wie im Film „Titanic", aber es hat sich wirklich zugetragen!

Aber du weißt schon, dass es den Untergang der Titanic wirklich gegeben hat! Wir mussten also zu den anderen Passagieren an Deck. Unter meinem Bett war eine Schwimmweste. Es handelte sich um vier Stoffquadrate, die durch ein Tuch verbunden und mit Kordeln versehen waren, die man zusammenknoten konnte. Das ist wichtig zu erwähnen, um den weiteren Verlauf der Ereignisse zu verstehen, denn obwohl die Passagiere die reguläre Zahl überstiegen, war kein einziger von ihnen ohne Schwimmweste. Der entscheidende Punkt, der das Drama auslöste, war, dass niemand darüber informierte, wie die Schwimmwesten richtig anzulegen seien. Viele sind gestorben, weil die Schwimmwesten nicht richtig saßen. Und vor allem die Kinder, deren Körpergewicht nicht groß genug war, um sich aufrecht im Wasser zu halten. Dieser Mangel an klaren Hinweisen war tragisch. Ich selbst hatte meine Schwimmweste auch verkehrt herum angezogen …

Aber wie hast du dann überlebt?

Es ist kaum zu glauben, aber meine Soutane war es, die mir das Leben gerettet hat. Das Gewicht meiner nassen Kleidung hat meinen Körper stärker beschwert und verhindert, dass ich mit dem Gesicht unter Wasser tauchte. So entging ich dem Ertrinken. Du siehst, der liebe Gott hat nicht gewollt, dass ich sterbe.

Du bist dem Tod mit knapper Not entronnen.

Ich war dem Tod nahe. Unmittelbar bevor ich das Bewusstsein verlor, habe ich mit Abbé Audinet einige Worte gewechselt, die mir für immer im Gedächtnis bleiben werden. Je mehr mir die Tragik der Situation bewusst wurde, umso mehr habe ich mir angesichts dieses unermesslichen Leids Fragen gestellt. Warum? Warum kommt so viel Leid über unschuldige Menschen? In welchem Maß kann Gott all dem einen Sinn verleihen? Und, weißt du, sehr oft ist es genau in diesen Augenblicken, dass einem alles klar wird.

Warum also hat sich Gott zu so viel Leid entschlossen?

Gott, der die Liebe ist, will das Leid nicht. Jesus hat uns gelehrt, unser Leben dafür hinzugeben, um das Los der Elendsten zu erleichtern.

Als du im Wasser warst: Hast du da daran gedacht, dass du jetzt sterben wirst?

Das musste mir wohl durch den Kopf gegangen sein, aber ich habe sehr schnell von dem Gedanken abgelassen. Mehr als jemals zuvor war mir das Leben gegenwärtig. Ich habe mich ins Wasser gestürzt, um zu einer kleinen Gruppe von Leuten zu gelangen, die entkommen waren.

Ich hatte den Eindruck, dass ich sie nie erreichen würde. Doch ich wurde von einem tiefen Wunsch getrieben, nicht allein zu sein. Bei dieser Katastrophe hat sich eine außergewöhnliche Solidarität eingestellt! Es war sehr schön! Ich habe diese Gewissheit gespürt, dass eine große Macht voller Güte da ist! Genau in dieser Gemeinschaft, als ich mit meinen Geschwistern in Kontakt trat und etwas zu tun versuchte, um sie zu retten, bin ich Gott nahegekommen. Mir kommt ein Detail in den Sinn, das dir unwahrscheinlich vorkommen mag, das aber dennoch wichtig ist. Innerhalb dieser Gruppe im Wasser gab es einen etwa dreißig Jahre alten Franzosen, der in wildes Lachen ausbrach und schrie: „Es lebe Frankreich!" Und während wir, acht arme Köpfe, die aus dem Wasser ragten, rund um diesen Kasten herum auf den Atlantik zutrieben, stimmte er die französische Nationalhymne an …

(Lachend): Aber warum das denn?

Um uns an seiner Kraft teilhaben zu lassen, um in uns die Hoffnung wiederzuerwecken, und damit wir gemeinsam kämpfen, um unsere Zweifel zu besiegen. So konnten wir alle zusammen fest daran glauben und darauf hoffen, davonzukommen. Das Leben war stärker als der Tod.

Und wie bist du gerettet worden?

Ich fand mich lebendig und splitternackt wie ein neugeborenes Kind auf einer Matratze im Mannschaftsraum eines Kriegsschiffs wieder, auf das man mich aus dem Wasser gefischt hat. Entschuldige, dass ich dir das erzähle, aber das hat man mir einige Tage später so erklärt. Als man mich an Bord gezogen hatte, hat man mich zu den Toten gelegt. Ja, man hat mich für tot gehalten. Ein wenig später hat einer geschrien: „Der da lebt ja!" Woran hat man gemerkt, dass ich am Leben war? Ich habe es nie erfahren. Schließlich bin ich, am Ende meiner Kräfte, zitternd, aber innerlich sehr ruhig, wieder zu Bewusstsein gekommen.

Und dein Freund, der Abbé Audinet?

Gott sei Dank, der hat auch überlebt! Er war gesund und munter. Diese ganze Geschichte war für mich ein sehr einschneidendes Erlebnis. Ich konnte viele Dinge verstehen, und besonders den Tod konnte ich mit anderen Augen sehen. Was du davon behalten kannst, ist: Man muss immer die Hoffnung bewahren und an die denken, die man geliebt hat und die uns verlassen haben.

Wenn ich recht verstanden habe, dann nützen die Gebete doch etwas, um die zu beschützen, die uns verlassen haben!

Es passiert uns allen, dass wir manchmal von Menschen getrennt werden, die wir sehr geliebt haben. Wenn du zum Beispiel weit weg von deinen Eltern bist, dann kommt es vor, dass du an sie denkst, und das tut gut. Diese tiefen Gefühle geben uns Trost. Nun, die Christen glauben an die Verheißung Jesu, der uns gesagt hat, dass nach dem Tod, auch wenn man einander nicht mehr sieht, diese starke Verbindung weiterbesteht. Für mich sind die Gebete besondere Augenblicke, in denen ich an die denke, die uns verlassen haben. Oftmals rufe ich mir die Vornamen meiner Eltern, meiner Freunde, meiner Gefährten aus der Emmaus-Bewegung ins Gedächtnis. Selbst nach dem Tod ist diese große Familie immer da. Natürlich ist die Trennung im Augenblick des Todes hart, und deshalb weint man auch. Aber für den, der uns verlässt, kündigt sich ein ungeheures Glück an. Er geht hin, um Gott zu begegnen. Er geht in den Frieden Gottes ein. Es ist ein neues Leben, das da beginnt.

Wie ist das möglich?

Weil die Person, die uns verlassen hat, im Licht Gottes auf eine andere Weise lebt. Ihr Geist, wenn du willst ihre Seele, die das tiefste Wesen ihres Seins ausmacht, bekommt eine andere Gestalt, genau wie ihr Körper. Geist,

Seele und Körper bilden eine Einheit. Nach dem Tod tritt jeder Mensch in ein neues Leben ein, das frei ist von allem Leid wie Krankheiten, Bosheiten oder auch Angst. So schließen sich diejenigen, die sterben, denen an, die vor ihnen gelebt haben, und sie bilden zusammen eine große Familie. Die Christen denken an das, was Jesus versprochen hat: Kommt zu mir, ihr, die ihr leidet, ich werde euch Ruhe verschaffen. Wer auf mich vertraut, wer einem dieser Geringen, die seine Geschwister sind, ein Glas Wasser zu trinken gibt, der wird das ewige Leben haben.

Das also ist der Tod?

Im Lauf meines Lebens habe ich sehr mächtige und auch sehr arme Menschen getroffen. Manchmal habe ich festgestellt, dass einige sehr reiche, sehr bekannte Leute an großer Einsamkeit litten. Sie waren gleichsam tot. Du siehst, das ist auch eine Art Tod.

Warum sagst du, dass sie wie tot waren?

Weil sie nur auf sich selbst bezogen waren! Sie hatten vor allem Angst, hatten niemals genug und verstanden es weder, den anderen eine Freude zu bereiten, noch für sie auf etwas zu verzichten. Deshalb möchte ich sagen, dass sie tot waren, dass ihr Leben keinen großen Nutzen hatte. Das ist vielleicht schockierend und ein brutales Bild, aber das ist meine Sicht der Dinge. Umgekehrt habe ich viele Leute gekannt und kenne auch jetzt noch welche, die sehr einfach leben, ohne Aufhebens zu machen, und die sich hauptsächlich darum bemühen, andere glücklich zu machen. Und für mich sind diese Leute in Wahrheit Lebende. Es ist wichtig daran zu denken: Wenn man das Leben wegen des Glückes liebt, das es mit sich bringt, dann verspürt man eine Kraft, die uns sagt: „Selbst wenn dein Körper stirbt, wird das Beste in dir nicht vergehen."

Ich denke oft an die Chance, die viele haben, um lieben, geben, teilen zu lernen. Was für ein

Trumpf für das Leben! Denn wenn man zu viel an sich selbst denkt, dann vergisst man dabei die anderen. Und kannst du mir sagen, was wir ohne die anderen wären? Nicht viel. Wir müssen füreinander leben und nicht gegeneinander. Wie oft habe ich gehört: „Ich, ich, ich …", oder auch: „Die anderen sind mir egal!" Seien wir doch vernünftig, denn es ist niemals zu spät, um gut zu handeln.

Machen wir hier, wenn du magst, einen kleinen Einschub. Es sind unsere Erfahrungen, die Erfahrungen, die wir mit denen teilen, welche uns im Lauf unseres Lebens begegnen, die unseren Geist formen. Und deshalb bin ich versucht, mit dir eine andere Erinnerung, oder besser eine Entdeckung, zu teilen. Ich war sieben Jahre alt. Unsere Familie lebte in einem Haus auf dem Rot-Kreuz-Hügel. Am Ende des Ersten Weltkrieges haben wir das Haus verlassen und lebten mitten im Zentrum der Halbinsel von Lyon. Unser Haus war in der Salastraße. Sie stand damals im Ruf, die Straße der allertraditionellsten bürgerlichen Familien zu sein. An einem Donnerstag – wir hatten an diesem Tag keine Schule – waren wir bei Cousins zu einer Feier eingeladen. Diese Cousins lebten sehr privilegiert. Sie hatten immer die modernsten Spielsachen und die fantastischsten Dinge. An diesem Tag habe ich eine Dummheit begangen. Soviel ich weiß, habe ich vor dem Frühstück von der Marmelade genascht, die auf dem Tisch stand. Als man es bemerkte, habe ich gelogen und den Verdacht auf einen meiner Brüder gelenkt.

Das war deinem Bruder gegenüber nicht sehr nett!

In der Tat, das war wirklich sehr böse von mir. Schließlich hat man herausgefunden, dass ich es war. Um mich zu bestrafen, haben mir meine Eltern verboten, zu diesem Fest mitzukommen. Ich bin also zu Hause geblieben. Am Abend sind meine Geschwister ganz begeistert zurückgekommen, sind zu mir gelaufen, um mir von den wunderbaren Spielen an diesem Nachmittag zu erzählen. Ich erinnere mich besonders daran, dass sie mir von Papiertauben erzählt haben, auf die sie mit Gummipfeilen geschossen haben. Und ich sehe mich noch als kleinen Mann vor mir, als ob es gestern gewesen wäre. Unbeeindruckt sagte ich zu einem meiner Brüder: „Was soll mich das kümmern, ich war ja nicht dabei.“ Und damit machte ich voller Stolz auf meinen Absätzen kehrt. Eine halbe Stunde später hat mich mein Vater in sein Arbeitszimmer gerufen. Er hat nicht mit mir geschimpft, aber er machte einen unglücklichen Eindruck. „Henri, ich habe gehört, was du deinem Bruder geantwortet hast. Wie ist es möglich, dass du gar nicht spürst, wie schrecklich das ist? Bist du denn nicht glücklich, wenn die anderen glücklich sind? Nur du allein zählst also! …“

Entschuldige, du sagst, dein Vater hat dich Henri genannt, aber dein Vorname ist doch Pierre!

Ich sehe, du bist sehr aufmerksam! Ich habe tatsächlich während des Zweiten Weltkrieges, wie viele, die im Widerstand kämpften, einen falschen Namen angenommen, um mich vor den

Deutschen zu schützen, die Frankreich damals besetzt hatten. Ich habe also als Pseudonym „Abbé Pierre" benutzt, und schließlich habe ich diesen Namen beibehalten. Um auf meine Geschichte zurückzukommen: Das Leid, das mein Vater in diesem Augenblick damals verspürt hat, bleibt für mich unvergesslich. Er hat mich nicht zurechtgewiesen, sondern mir etwas viel Tieferes hinterlassen. Die Ursache seiner Traurigkeit waren meine Gleichgültigkeit und mein Egoismus. Ich war am Boden zerstört. Diese Art von Versuchung, diese Überheblichkeit und Selbstzufriedenheit, in der ich mir sehr gefallen hatte, sind damals verschwunden. Konkret: Es war ein plötzliches Auge in Auge mit einer anderen Dimension meines Wesens, mit einer anderen Ordnung … Die Erinnerung an dieses Ereignis bleibt in meinem Gedächtnis so lebendig, dass ich überzeugt bin, dass es zu meiner Entwicklung beigetragen hat.

Ich habe die Botschaft verstanden. Um auf den Tod zurückzukommen: Leidet man dabei?

Du hast dir bestimmt schon wehgetan. Du kennst also diese Erfahrung, die nicht sehr angenehm ist. Gott sei Dank handelt es sich oft nur um einen vorübergehenden Schmerz. Doch das ist nicht immer der Fall. Bestimmte Schmerzen sind schwerer zu ertragen und zu lindern als andere. So hat zum Beispiel das Kleinkind, das seine Mama nicht sieht, das Gefühl, verloren zu sein, es tut ihm weh, und das Kind zeigt das, indem es weint. Dasselbe Kind, das hinfällt und sich verletzt, macht bereits die Erfahrung des körperlichen Schmerzes. Das trifft auch auf das Kind im Krankenhaus zu, das leidet. Doch in viel stärkerem Maß noch sind die Kinder betroffen, die hungern und nichts zu essen haben, die nicht richtig untergebracht sind, die Opfer von Gewalt werden oder die Schrecken des Krieges durchmachen. Sie alle erfahren den Schmerz, jeder auf seine Weise. Und siehst du, all diese Schmerzen, ob sie nun schwer oder leicht sind, sind so etwas wie ein „kleiner Tod“; sie zerstören und töten jedes Mal etwas in uns.

Es ist fraglich, ob ein Tod schmerzhafter ist als

der andere. Doch wir müssen immer versuchen, von unseren Erfahrungen auszugehen. Die Erfahrung des Schmerzes – in welcher Form auch immer – begleitet uns unser ganzes Leben lang, und so lehrt sie uns nach und nach, wie man den Schmerz besser lindern und ertragen kann. Es ist eine Art, dafür zu sorgen, dass es weniger weh tut. Doch ich möchte dir etwas anderes sagen. Weißt du, wenn man im Leben zu lieben versucht hat, wenn man versucht hat, Freude zu bereiten, die anderen ein wenig glücklicher zu machen, dann begegnet einem der Tod nicht mehr wirklich als Schmerz. So viel verschenkte und empfangene Liebe macht es möglich, die schrecklichsten Schmerzen zu lindern.

Was hat es mit dir gemacht, als du zum ersten Mal einen Toten gesehen hast?

Das ist schon lange her, ich müsste in deinem Alter gewesen sein, also zehn oder elf Jahre. Ich werde dir etwas im Vertrauen sagen: Heute noch macht man sich in meiner Familie darüber lustig. Du wirst gleich verstehen, warum. Der erste Tote, den ich gesehen habe, war mein Großvater. In ihm allein war ein ganzes Zeitalter gegenwärtig. Er war der glückliche Besitzer einer Baumwollfabrik in Tarare und verbrachte einen großen Teil seiner Zeit damit, seinem Geschäftspartner Geschichten von der Jagd zu erzählen! Um genau zu sein, ich habe niemals erfahren, ob er ein guter Chef war … Jedenfalls liebte ich diesen Großvater. Der Arzt hatte ihm verboten zu rauchen, und meine Großmutter achtete streng auf die Einhaltung dieses Verbots. Um ihrer Aufsicht zu entgehen, nahm er mich auf seine kleinen Ausreißertouren mit und rief: „Ich mache einen kleinen Spaziergang zum Platz Bellecour!" Und siehe da: Kaum waren wir draußen, ließ er mich in einer Konditorei ein Stück Kuchen kaufen, um heimlich in einen Tabakladen nebenan zu schleichen, aus dem er mit einer guten Zigarre herauskam. Mit einem komplizenhaften Grinsen sagte er zu mir: „Du wirst Großmutter nichts sagen." Und eines Tages ist er dann gestorben. Meine Eltern machten sich Sorgen darüber, wie ich reagieren würde, und unterrichteten mich ganz sanft von diesem Vorfall: „Großvater ist zum lieben Gott gegangen." Dann sagte man mir, ich soll gehen und ihm einen Kuss geben. „Wenn er da ist, dann ist er nicht beim lieben Gott … warum macht ihr also alle ein solches Gesicht? Er war ein lieber Großvater und ist sicher gut im Himmel aufgenommen worden. So hat er keine Zahnschmerzen mehr!" Wie du siehst, war ich nicht wirklich beunruhigt bei dieser ersten Begegnung mit dem Tod. Aber ich glaube, dass ich seit diesem Zeitpunkt eine Sehnsucht verspüre, die mich niemals verlassen hat: die Sehnsucht, nicht zu lange darauf zu warten, ihn wiederzusehen. Der Tod löste in mir keine Angst mehr aus.

Selbst wenn du keine Angst vor dem Tod mehr hast, finde ich es hart, die Menschen sterben zu sehen, die man liebt. Das ist nicht immer gerecht. Glaubst du, dass man den Tod von jemandem verhindern kann?

Bei mir ist es auch so, dass ich bei bestimmten Todesfällen aufbegehre, und im Namen meiner Liebe zu den Menschen und der Liebe zu Gott, der die Liebe ist, nehme ich, wenn das passiert, was ich nicht akzeptieren will, alle meine Kräfte, die ich noch habe, zusammen und schreie: „Ich kann mich damit nicht abfinden!" Weißt du, ich habe mich immer schon für die am meisten Benachteiligten eingesetzt, für die, die aus der Gesellschaft ausgegrenzt werden, für die, die auf der Straße leben.

Eine traurige Begebenheit kommt mir dabei in den Sinn: die Sache mit den Obdachlosen im Winter 1954. In der Nacht vom 3. Januar 1954 gab es fortlaufende Diskussionen im Senat zur Abstimmung über ein Budget, das für billige Unterkünfte verwendet werden sollte. Der Winter wurde immer schlimmer, und man musste um jeden Preis eine Lösung für die finden, die eine Unterkunft brauchten. Wir forderten die sofortige Bereitstellung von Notunterkünften. Die Nacht war schon fortgeschritten, und die Senatoren waren müde. Ein jeder dachte an nichts anderes mehr, als nach Hause zu kommen, und unser Projekt wurde auf später verschoben. Während dieser Zeit schliefen Männer, Frauen und Kinder im Freien, wo die Temperatur auf minus 10 Grad abfiel … Am frühen Morgen brachte man mir die schreckliche Nachricht. In derselben Nacht, als der Senat seine Sitzung abgehalten hatte, war ein Kind erfroren. In solchen Augenblicken ist der Tod inakzeptabel, und ich spürte das Bedürfnis zu weinen. Niemand hatte etwas getan, um den Tod dieses Kindes zu verhindern. Frankreich war in Trauer, in Staatstrauer, aber für mich war es eher eine nationale Schande. Nach diesem Drama wurde dank der Mobilisierung der Medien, der französischen Bürger und selbst der Politiker Hilfe organisiert, und unsere Notunterkünfte wurden verwirklicht. Diese große landesweite Unterstützung bildete den Anfang einer langen Geschichte, eines lang andauernden Engagements, nämlich der Emmaus-Bewegung. Eine Hoffnung war geboren worden.

Dieses kleine Kind, das in den Himmel gekommen ist: Glaubst du, dass es ein neues Leben begonnen hat?

Ja, aber es hat dieses Leben nicht neu begonnen, es hat es einfach fortgesetzt. Seit dem Tod meines Großvaters und dem Tod derer, die ich im Sterben begleitet habe, bin ich davon überzeugt, dass sie alle in Frieden ruhen, so wie ich das auch einmal tun werde, wenn meine Stunde gekommen ist. Niemals habe ich angesichts des Todes das Gefühl der Vernichtung gehabt. Ich hatte das seltene Privileg, mit meinem Vater, mit meiner Mutter und später mit Frau Coutaz im Augenblick ihres Sterbens allein zu sein, habe ihnen die Hand gehalten, ihren Puls bis zum letzten Herzschlag gefühlt: Weder bei meinem Vater noch bei meiner Mutter oder bei Frau Coutaz habe ich eine Träne vergossen. Sie sind tot, ja, aber „sie sind anderswo". Die Abwesenheit derer, die man geliebt hat, ist schmerzlich, und sie wie einen endgültigen Abschied zu erleben, macht den Schmerz nur noch größer. Ich ziehe es vor, von einem „Wiedersehen“ zu sprechen, so wie man zu einem Freund „auf Wiedersehen“ sagt, der sich auf eine lange Reise vorbereitet. Vielleicht deshalb, weil ich mit neunzehn Jahren ins Kloster gegangen bin und sieben Jahre lang ohne die Meinen gelebt habe. Und ich gestehe dir, die Vorsehung hat mir Tode erspart, die mir sehr nahe gegangen wären, sie hat mir grausame Tode erspart. Dennoch habe ich viele Menschen sterben sehen, ich habe Verwundeten Beistand geleistet, Sterbende begleitet, doch ich habe weder den Schrecken der Gefangenen in den Lagern noch die Hölle der im Maschinengewehrfeuer Kämpfenden erlebt. Die Tode, deren Zeuge ich war, sind mir immer wie ein Augenblick der Vollendung vorgekommen, Augenblicke, in denen Gott seine Blume pflückt.

Genau das habe ich bei Frau Coutaz empfunden. Wir hatten sechsunddreißig Jahre lang zusammengearbeitet, bis sie im Alter von achtzig Jahren einen Hirnschlag bekam. Seither war sie bettlägrig, aber nicht inaktiv, sie konnte einfach nicht nichts tun. Drei Jahre lang hat sie die Briefmarken sortiert, die ich in Fünfzig-Kilo-Säcken kaufte. Ich habe meine Abende bei ihr verbracht, wobei ich kleine Päckchen von fünfzig oder hundert Briefmarken machte und sie mit einem Faden zusammenband. Oder genauer gesagt: Ich versuchte das, denn ein um das andere Mal misslang es mir. Ich lebte an ihrer Seite und erlebte so ihren kurz bevorstehenden Tod ganz aus der Nähe. Niemals habe ich Angst empfunden, denn ich wusste, dass sie darüber ähnlich dachte wie ich.

All diese Erfahrungen haben dein Leben verändert, nicht wahr?

Ja, das stimmt. Sie haben es bereichert. Der Tod ist wie ein alter Freund, den ich im Lauf der Jahre kennengelernt habe. Ich denke oft an sie. Mein Geist ist offener, und ich verstehe sogar, dass bestimmte Leute an die Wiedergeburt oder Reinkarnation glauben …

Was ist die Wiedergeburt?

Bestimmte Leute glauben an die Möglichkeit, mehrere Leben zu haben. Unsere Seele, so meinen sie, setzt ihren Weg weiter fort, indem sie in einen anderen Körper, einen Gegenstand, einen Baum oder sogar in ein Tier eingeht. Ich nehme daran keinen Anstoß, obwohl es mir überflüssig vorkommt, denn ein alter Grundsatz der Philosophie besagt: Man darf die Dinge nicht ohne Not vermehren …

Was vermehren?

Ich will versuchen, es einfacher zu sagen: Warum will man an mehrere Leben glauben, welchen Zweck soll das haben? Lernen wir doch erst, das Leben wertzuschätzen, das uns gegeben ist. Und wenn ich die Welt betrachte, die uns umgibt, dann haben wir noch viel zu lernen, bevor wir ein anderes Leben beginnen wollen. Ich erinnere mich an eine Journalistin, die ein Interview mit mir machte und die Frage stellte:

„Und wenn Sie wieder vierzig Jahre alt wären?" Ich lachte aus ganzem Herzen und gab ihr zur Antwort: „Gnädige Frau, einmal genügt!"

Du glaubst also nicht an die Wiedergeburt?

Ich sehe dafür wirklich keinerlei Notwendigkeit und ich habe kein Verlangen danach, das noch einmal „von vorn zu beginnen". Ich habe ein sehr erfülltes Leben gehabt, und ich glaube, dass ich sehr wohl ein wenig Ruhe verdiene. Um auf deine Frage zurückzukommen: Ich habe tatsächlich keine Angst vor dem Tod. Viele erleben den Tod als Trennung. Das trifft auf die Hinterbliebenen zu. Aber für den Sterbenden kündigt sich eine große Reise an. Er verlässt uns, um die fantastischste Begegnung zu erleben, die man sich vorstellen kann, nämlich die Begegnung mit Gott, der Liebe ist. Ich weiß nicht wie, aber ich bin davon überzeugt, dass dieses Wesen, das uns verlässt, die zirka 90 Milliarden Menschen, die vor uns gelebt haben, antreffen wird. Seit ich weiß, dass man Milliarden Galaxien entdeckt hat, von denen eine jede wiederum mehr als zehn Milliarden Sonnen hat, ist das unvorstellbar Große für mich kein Problem mehr. Ich erwarte den Tod in völliger Gelassenheit.

Kann die Begegnung mit Gott schlecht verlaufen?

Das ist eine gute Frage. Um diejenigen zu begleiten, die sich aufs Sterben vorbereiteten, betete ich für gewöhnlich ein „Gegrüßet seist du, Maria". Aber ich veränderte die letzten Worte dieses Gebets: Statt „… jetzt und in der Stunde unseres Todes" sagte ich: „… jetzt und in der Stunde unserer Begegnung". Ich habe das einer Journalistin anvertraut, und einige Tage darauf erhielt ich einen Brief von einem alten Priester, der sehr zornig war. Er klagte mich an, dass ich es wage, von der Begegnung mit Gott, der die Liebe ist, zu sprechen, und schloss mit den Worten: „Als ob Sie sich sicher wären, dass das gut geht." Ich hätte ihm antworten können: Ob das gut geht oder nicht, es ist auf jeden Fall die wichtigste Begegnung!

Und wo bleibt bei all dem die Hölle?

Ich weiß nicht, was ich über die Hölle denken soll, die für mich undenkbar ist. Es gab niemals eine offizielle Erklärung der Kirche zu diesem Thema, nicht einmal im Hinblick auf Judas, der, wie du vielleicht weißt, verdammt wurde, weil er Jesus verraten hat. Für mich bedeutet verdammt, verurteilt werden nicht, der Bestrafung durch ein Gerichtsurteil ausgeliefert zu sein. Doch es bedeutet, aus dem Schatten herauszutreten, sich so sehen zu können, wie man ist. „Du hast gewollt, dass du dir selbst genug bist, dann sei dir für immer selbst genug."

Wenn ich recht verstehe, dann reicht es, ein Leben lang brav zu sein, damit die Begegnung mit Gott gut verläuft!

Siehst du, der Tod ist die überwältigende, alles überstrahlende Begegnung mit dem Unendlichen, dem Ewigen und der Liebe. Doch jede menschliche Liebe ist mit Leid vermischt. Wir haben es alle früher oder später mit dem Leid zu tun. Das ist der Grund, warum wir uns niemals in vollkommener Fülle hingeben können. Wir haben immer einen gewissen Vorbehalt, so etwas wie einen instinktiven Schutzmechanismus. Es ist unmöglich, sich einander völlig zu erkennen zu geben, genauso wie es unmöglich ist, alles vom anderen zu kennen. Es bleibt immer etwas, was man nicht ausdrücken kann, ein kleiner Teil, der unausgesprochen bleibt und an den man nicht herankommt. Doch mit dem Tod wird derjenige, der uns verlässt, unsere geheimsten Gedanken entdecken und zu ihnen Zugang finden können. Auf diese Weise werden wir in vollkommener Gemeinschaft verbunden sein. Gott, der die Liebe ist, ist der Grund, weswegen wir keine Geheimnisse haben, und er öffnet die Tore unserer Seele. Vergessen wir nicht, dass wir alle Geschöpfe eines Gottes sind, der die Liebe ist! Du verstehst nun also, warum ich es gar nicht erwarten kann, dem Schöpfer, Gott dem Vater, zu begegnen. Auf die Gefahr hin, dass ich mich wiederhole, sage ich es noch einmal: Selbst wenn ich Gewissensbisse habe und so manches bereue, habe ich keine Angst zu sterben. Als ich am Rio de la Plata Schiffbruch erlitt, habe ich mich vom ersten Augenblick an, in dem ich im Wasser war, mit einer außergewöhnlichen Gelassenheit fallen lassen, und meine Seele war von einem einzigen Gedanken erfüllt. Wenn man seine Hand in die Hand der Armen gelegt hat, dann ergreift man mit seiner anderen Hand die Hand Gottes. Seit diesem Tag weiß ich, dass der Tod ein Treffen mit einem alten Freund ist.

Kann man aus Liebe sterben?

Ja, ich glaube schon. Ich hatte einen Freund, „To“, der im Zweiten Weltkrieg gekämpft hat. Er hat sein Leben für sein Land aufs Spiel gesetzt. Während der Besatzung wurde er denunziert, verhaftet und ermordet. Er ist aus Liebe zu seinem Land gestorben. Er hätte unbehelligt bei sich zu Hause bleiben können, doch im Grunde seines Herzens hat er den Ruf Jesu vernommen.

„Es gibt keinen größeren Beweis der Liebe, als sein Leben für die hinzugeben, die man liebt."

Doch ich wollte eigentlich vom Selbstmord sprechen ...

Der Selbstmord ist ein sehr ernstes Thema. In deinem Alter weißt du, dass ein Kumpel, ein Freund, sehr wichtig ist. Die Freundschaft lässt uns große Augenblicke des Glücks miteinander teilen, aber auch große Schmerzen. Worauf es ankommt, ist miteinander zu teilen, sich zuzuhören, sich gegenseitig zu unterstützen. Ich habe in meinem Leben eine schwierige Phase durchgemacht, in der ich keinen Mut mehr hatte. Einer meiner Freunde hat mir, um mir zu helfen, folgende Zeilen geschrieben: „Ein jeder macht aus dem Leben das, was er will. Einige ziehen ihr Leben in den Schmutz. Aber wie können sie unser Leben beschmutzen? Sie zeigen uns, wie man das Leben erniedrigen kann. Lernen wir daraus und machen wir es wunderbar!" Seine Freundschaft, seine Brüderlichkeit, haben mir die Augen geöffnet und mich aus der Verzweiflung herausgeholt. Wenn alles allzu schwer wird, wenn das Leid zu viel wird, dann kann man verstehen, dass bestimmte Menschen mutlos werden. Wenn einige von ihnen bis zum Selbstmord gehen, dann nicht, weil ihnen der Mut fehlt, sondern weil sie nicht mehr können. Der Mut hat damit nichts zu tun. Es ist die Liebe, an der es fehlt.

Ich hätte nie gedacht, dass man, wenn man über den Tod redet, von all diesen Dingen spricht. Oft denken die Erwachsenen, dass man zu klein wäre, um darüber zu reden.

Es ist nicht leicht, die richtigen Worte zu finden. Vom Tod sprechen heißt, der eigenen Angst vor dem Tod ins Auge sehen. Für mich ist es leichter, darüber zu reden, denn ich bin sehr alt und ich bin angesichts des Todes nicht mehr beunruhigt. Was wir angesichts des Todes empfinden, das ähnelt dem ein wenig, was dieses kleine Wesen empfindet, das aus dem wohltuenden Bauch seiner Mama herauskommt, um eine unbekannte Welt zu betreten. Es ist eine Mischung aus Angst und Neugier. Wir fürchten uns vor dieser unbekannten Welt, die uns erwartet. Deshalb ist Jesus gekommen, um uns vom Vater zu sagen: „Ich bereite für euch eine Wohnstatt, damit ihr nach eurem Tod von Neuem lebt."

Wenn der Tod wie ein anderes Leben ist, heißt das dann, dass wir unsterblich sind?

Ich kann dir nicht beschreiben, wie das Leben nach dem Tod sein wird, aber ich vertraue auf das Versprechen Jesu. Ich bin davon überzeugt, dass wir nach dem Tod ein anderes Leben kennenlernen werden, ein Leben im Schutz des Lichtes Gottes, der die Liebe ist. Vielleicht ist das die Unsterblichkeit, denn im Lichte Gottes, der die Liebe ist, werden wir neu geboren.

Und wenn man sich nicht bereit fühlt für die Begegnung mit Gott, was kann man dann tun, um den Tod hinauszuzögern?

So wie es keine Gebrauchsanweisung für das Leben gibt, genauso gibt es auch keine dafür, den Tod hinauszuzögern. Nur Gott kann das. Aber wenn man den Tod auch nicht hinauszögern kann, so kann man ihn zuweilen doch verhindern. Insbesondere im Krieg, in Hungersnöten, bei Epidemien usw. Ich wiederhole oft einen kurzen Satz, der nur aus drei Worten besteht: „Und die anderen?" Mir scheint, an dem Tag, an dem ein jeder dazu gelangt, ein wenig mehr an die anderen zu denken, werden die Todesfälle erheblich weniger. Als ich zum Beispiel das Risiko eingegangen bin, während der deutschen Besatzung Juden zu verstecken, habe ich den Tod dieser armen Menschen verhindert. Wenn heute bestimmte Organisationen zu Spenden aufrufen, um sich um kranke Kinder zu kümmern, oder wenn Erwachsene ausziehen, um sich um die Enterbten der Welt zu kümmern, dann tritt der Tod den Rückzug an.

Ich wüsste gern, warum bestimmte Leute das Recht haben, über Tod oder Leben anderer zu entscheiden.

Ich habe mich immer gegen die Todesstrafe engagiert. Gott, der die Liebe ist, die Quelle des Lebens, ist der Einzige, der uns zu sich rufen kann. Mit welchem Recht könnten wir über den Tod von irgendjemandem entscheiden? Während all dieser Jahre sind viele Gefährten der Emmaus-Bewegung gestorben. Wenn ich an einige von ihnen zurückdenke, dann ist mir bewusst, dass ihre Geschichte nicht so war, wie viele Leute dachten. Doch ich hatte mich in ihr Leben nicht einzumischen, und noch viel weniger stand mir darüber ein Urteil zu. Ein jeder birgt das Geheimnis seines Lebens in sich. Ein jeder hat die Pflicht zu versuchen, einen Fehler, den er begangen hat, wiedergutzumachen. Und jeder muss eine Chance haben, sein Leben auf eine andere Art weiterzuführen. Wenn du eines Tages die Gelegenheit hast, eine Emmaus-Gemeinschaft zu besuchen, dann wirst du den folgenden Satz sehen: „Jede Frage, die über die Vergangenheit von jemandem gestellt wird, muss als ein schwerer Fehler betrachtet und sofort wiedergutgemacht werden.“ Ein jeder von uns muss darauf achten, den anderen zu respektieren. Begehen wir die Fehler unserer Geschichte nicht noch einmal. Es ist noch nicht so lange her, als sich bestimmte Menschen das Recht herausnahmen, über Leben und Tod anderer Menschen zu entscheiden. Arme Sklaven, die von mächtigen Herren zugrunde gerichtet wurden. Auch heute noch sehe ich Menschen, die wie Tiere behandelt werden. Mein ganzes Leben lang musste ich eingreifen und gegen diese neue Art der Sklaverei der Moderne kämpfen. Ich bin zu Staatschefs hingegangen, um meinen Protest hinauszuschreien und die Freiheit für zu Unrecht inhaftierte Menschen zu fordern. Vergessen wir die Worte Jesu nicht, die er am Kreuz mit Blick auf seine Henker gesagt hat: „Herr, vergib ihnen, denn sie wissen nicht, was sie tun.“

Was meinst du mit Sklaverei der Moderne?

Zu Beginn des 21. Jahrhunderts stelle ich traurig fest: Während sich die Reichtümer unaufhörlich vermehren, gibt es immer mehr Arme. Die Ungleichheit war niemals zuvor so deutlich. Ja, ich glaube, dass gerade eine neue Form der Sklaverei entsteht. Die Welt besteht nicht mehr aus Menschlichkeit, sondern aus Industrie. Weißt du, als die erste Emmaus-Gemeinschaft gegründet wurde, hatten wir wenig zu leben. Das eingenommene Geld reichte kaum aus, um Unterkünfte zu bauen. Das Elend war so groß, dass wir nichts mehr zu essen hatten. Weil wir keine Mittel hatten, musste ich in den Straßen von Paris betteln. Diese Erfahrung war nicht von sehr langer Dauer, aber es war genug, um Scham und Verzweiflung zu verspüren. In unseren sogenannten industrialisierten Ländern ist es nicht hinnehmbar, dass man Menschen so verkommen lässt. Jeden Tag sterben auf der Welt Kinder und Erwachsene im Elend. Das ist unerträglich. Man muss handeln, um das Inakzeptable an den Pranger zu stellen. Das große Verdienst des Fernsehens ist es, dass wir wissen, was in der Welt passiert. Die Solidarität ist unser einziges Heilmittel, um all diesen Übeln Abhilfe zu verschaffen.

Ohne ihre grundlegende Rolle könnten wir nicht handeln. Es ist Vereinigungen zu verdanken, dass jeden Tag Männer, Frauen und Kinder gerettet werden. Mehr als jemals zuvor lade ich dich ein, dich mit anderen zusammen an diesen zahlreichen Vereinigungen zu beteiligen, um das Leid zu lindern. Siehst du, deshalb spreche ich von moderner Sklaverei!

Sind all diese Leiden und diese Kriege Strafen?

Ich habe dir gesagt, dass ich davon ausgehe, dass das Leben ein wunderbares Geschenk ist, trotz all dieser Leiden. In keinem einzigen Fall glaube ich, dass es sich um Strafe handelt. Der Mensch allein ist für sein Tun und Denken verantwortlich. Der Mensch ist zum Schlechten ebenso fähig wie zum Guten. Er allein ist es, der das Leid in seiner Umgebung verursacht. Weißt du, das Leben ist nichts anderes als der Glanz der Farben, die man ihm verleiht. Der Mensch kann wählen, wie er sein Leben lebt. Das, worauf es ankommt, ist, in alles, was man tut, viel Liebe zu investieren. Selbst in deinem Alter hast du die Wahl, gut oder schlecht zu handeln. Frei sein bedeutet vor allem, die anderen zu respektieren. Wie kann man glücklich sein, wenn man in seiner Umgebung Schlechtes anstellt? Ein jeder von uns ist frei, nicht zu zerstören, sondern den Nächsten zu lieben. Verstehst du? Der Tod und all das Leid, das wir kennen, darf nicht als von Gott verhängte Strafe erlebt werden – von Gott, der die Liebe ist. Es kann vorkommen, dass jemand sagt: „Gott hat dich bestraft." Aber das ist falsch. Gott ist kein unerbittlicher Richter, er ist derjenige, der uns Gutes tut. Jesus wurde uns von Gott Vater gegeben, damit wir uns unser ganzes Leben lang seiner grenzenlosen Güte gewiss sind.

Wenn das Leben so wunderbar ist, warum gibt es dann Menschen, die sich umbringen?

Was sich im Leben eines jeden von uns ereignet, das wissen wir niemals wirklich. Es ist ein Geheimnis, ein Mysterium. So war es bei Georges, meinem ersten Gefährten bei Emmaus, der versucht hatte, sich umzubringen. Bei einer Reise nach Schweden haben mich Studenten eingeladen, mit ihnen das Thema Selbstmord zu diskutieren. Ich habe ihnen Folgendes gesagt: „Eure Freunde sind tot, weil sie keine Hoffnung mehr hatten. Sie hatten etwas, wovon sie leben konnten, doch sie hatten keinen Grund mehr zu leben. Für diejenigen, die am Wert des Lebens zweifeln, schlage ich euch Folgendes vor: Werdet Freiwillige, geht für ein Jahr in ein Land, wo die Kinder an Hunger sterben oder die Erwachsenen im größten Elend leben, und stellt euch ihnen zur Verfügung. Glaubt mir, ihr werdet die Hoffnung wiederfinden." Man hat diese Leute „Schwalben" genannt, nach den Vögeln, die das Meer überqueren.

Wird der Tod überall auf der Welt in gleicher Weise erlebt?

Wir haben heute das Glück, viele Transportmittel zur Verfügung zu haben, um andere Länder zu entdecken und die unterschiedlichen Zivilisationen, die unseren Planeten bevölkern, besser kennenzulernen. Man hat erstaunliche Dinge entdeckt. Wenn zum Beispiel in Afrika jemand stirbt, dann ist dies Anlass für große Momente der Begegnung, ja selbst für Feste. Diese Menschen erleben den Tod nicht als schlimmes Schicksal. Wenn man arm ist – was in diesen Ländern leider oft der Fall ist – und kein Geld da ist für ein Fest, beerdigt man den Toten rasch. Aber nach mehreren Monaten, in denen die Familien etwas Geld aufgetrieben und zusammengelegt haben, versammelt man alle, um die große Reise dessen zu feiern, der weggegangen ist, um Gott zu begegnen. Es ist ein wahres Fest, dessen Mittelpunkt ein bescheidenes Mahl ist und das mit Gesang und Tanz gestaltet wird.

Gibt es in den armen Ländern, wie zum Beispiel in Afrika, mehr Tote?

Selbstverständlich, und das hat seine Gründe! Weniger Krankenhäuser, weniger Infrastruktur, weniger Trinkwasser und weniger Nahrung bewirken, dass viele Kinder sehr früh sterben. In diesen von den Industriemächten verlassenen Ländern ist das Drama alltäglich. Wenn es hingegen einen Wirbelsturm oder ein Erdbeben gibt, dann wird den Schäden und damit auch den Toten viel Aufmerksamkeit geschenkt. Deshalb kann ich das Leben nicht ohne Anteilnahme mit denen, die leiden, begreifen. Ich habe immer gewollt, dass Emmaus international wird, damit die am stärksten Benachteiligten besser leben können. Warum können wir in unseren wohlhabenden Ländern fast hundert Jahre alt werden und sie nicht? Es ist immer dasselbe Problem mit dem Teilen der Güter! Worauf es ankommt, ist nicht, sehr alt zu werden, sondern gut zu leben.

Was kann man tun, um den Tod derer zu akzeptieren, die man liebt?

Wenn man noch ganz klein ist und auch nur für einige Stunden von seinen Eltern getrennt wird, dann weint man, um seiner Angst Ausdruck zu verleihen. Du hast dieses tiefe Gefühl der Traurigkeit sicher schon erlebt. Wenn nun die, die wir lieben, zu dieser langen Reise aufbrechen, die der Tod bedeutet, dann ist es normal, dass man traurig ist. Man muss seinem Leid und seinem Schmerz freien Lauf lassen. Jeder lässt das auf seine Weise nach außen sichtbar werden. Bei uns wird die Trauer, also der Ausdruck des Schmerzes, den man beim Tod von jemandem durchmacht, unter anderem dadurch zum Ausdruck gebracht, dass man schwarze Kleidung trägt. Der Volksmund sagt dazu, „in Schwarz gehen". Das ist eine Weise, seine Trauer nach außen zu kehren. In unseren westlichen Ländern ist die Farbe der Trauer Schwarz, Grau, Lila oder violett. In den Ländern des Ostens hingegen ist die Farbe der Trauer oft heller oder Weiß.

Bei so mancher Gelegenheit habe ich Männer und Frauen empfangen, die verzweifelt waren, weil ein Familienmitglied gestorben war. Wenn ich den Eindruck hatte, dass dies möglich sei, habe ich ihnen den Vorschlag gemacht, sich anderen zur Verfügung zu stellen, um so zu versuchen, ihrem Schmerz Abhilfe zu schaffen. Denn weißt du, diese Traurigkeit ist nichts anderes als der Ausdruck einer Liebe, die verwaist ist. Zu versuchen, diese Liebe denen anzubieten, die noch da sind und die sie brauchen, ist vielleicht der beste Weg, um weiterzuleben. Ich erinnere mich sehr gut an einen Mann, der fast schon im Rentenalter war und mich aufsuchte, weil seine Frau von einem Auto totgefahren worden war. Er litt schrecklich unter diesem sinnlosen Unfalltod. Nach und nach hat er sein Herz den anderen geöffnet und ist einer der großen Verantwortlichen der Emmaus-Bewegung geworden. Einige Jahre später hat er noch einmal geheiratet, und seine neue Frau hat ebenfalls ihren Platz gefunden, um sich um die Schwächsten zu kümmern.

Warum beerdigt man die Leute?

Dieses Leben, das Gott, der die Liebe ist, uns geschenkt hat, gibt uns die Möglichkeit, vielen Leuten zu begegnen und tausenderlei Dinge mit ihnen zu unternehmen. Im Lauf des Lebens machen wir viele Erfahrungen und starke Bindungen und Erinnerungen entstehen. Selbst du, der du so jung bist, hast bestimmt schon viele Erinnerungen an die Schule, an Spiele und Feste. Und stell dir mal vor, was es für Erinnerungen im Lauf eines ganzen Lebens gibt! Man darf nicht meinen, wenn der Tod kommt, verschwinden die Erinnerungen. Ganz im Gegenteil. Wenn der Tod kommt, dann bestehen die tiefen Bande der Liebe weiter. Um diese Liebe zu pflegen, als Zeichen des Respekts vor denen, die uns verlassen haben, hat man gedacht, es wäre gut, einen Ort der Besinnung zu schaffen, an dem man kommunizieren kann. Und deshalb hat man Friedhöfe geschaffen, Orte der Stille und der Ruhe. Man kann dort auch die Asche derer, die gewünscht haben, dass man ihren Leichnam verbrennt, aufbewahren. Wie unser Herr gesagt hat, sind wir aus Staub hervorgegangen und werden zum Staub zurückkehren. Worauf es ankommt, ist, den Verstorbenen Respekt zu erweisen, denn ihre Ruhe darf nicht gestört werden. Doch bevor wir zum Friedhof gehen, was müssen wir da tun?

Zur Kirche gehen!

Ja, um zu beten. Für die Gläubigen ist die Messe ein Gebet, um Gott, der die Liebe ist, denjenigen oder diejenige anzuvertrauen, der oder die uns verlassen hat. Das Gebet ist eine Zeit, in der die Anwesenden sich in Erinnerung rufen, dass mit dem Moment des Dahinscheidens nicht alles aufhört und dass es ein Leben nach dem Tod gibt. Das nennt man den Glauben an die Auferstehung. Es ist die Gewissheit, dass Gott, der die Liebe ist, alle diejenigen nach dem Tod bei sich aufnimmt, die versucht haben zu lieben, zu geben und zu verzeihen.

Und kann man auch die Tiere beerdigen?

Aber sicher, die Tiere sind ja Lebewesen! Oftmals haben sie mit den Menschen eng zusammengelebt und ihnen viel gegeben. Deshalb wollen bestimmte Leute sie beerdigen, um die Verbindung aufrechtzuerhalten, die sie gemeinsam geschaffen haben.

Sieht man, sobald man tot ist, dann endlich Gott?

Im Leben ist nicht alles schwarz oder weiß. Es gibt gewisse feine Unterschiede. So kann man zum Beispiel jemanden sehr gut hören, ohne wirklich zu verstehen, was er uns sagt. Das heißt, dass wir seinen Worten nicht genügend Aufmerksamkeit schenken, um seine Botschaft von Grund auf zu verstehen. Und, stell dir vor, man kann eine Sache sehr gut anschauen, ohne sie wirklich zu sehen.

Aber warum?

Weil uns oftmals die Details entgehen oder weil uns unsere Gewohnheiten blind machen! Weißt du, es gibt Leute, die ihr ganzes Leben im selben Haus, im selben Dorf, in derselben Stadt, im selben Land zugebracht haben, ohne die Chance zu haben, etwas anderes kennenzulernen. Für diese Leute ist die Welt auf ihren Lebensbereich beschränkt. Doch dank der Zeitungen, des Radios und des Fernsehens konnten sie begreifen, dass die Welt viel größer ist, als sie gedacht haben. Ein wenig ist das auch mit Gott so. Niemand hat Gott jemals gesehen, doch er hat es verstanden, sich zu erkennen zu geben. Im Lauf der Jahrhunderte, seit Millionen von Jahren konnten die Menschen auf tausenderlei Weise die Gegenwart dieser großen Güte entdecken, die man Gott nennt. Unter diesen Gläubigen sind es die Christen, die bekennen, dass Jesus gekommen ist, um zu uns über Leben und Tod zu sprechen. Sicherlich sprechen auch viele andere große Religionen von einem Leben nach dem Tod. Ich als Christ kann sagen: Ich glaube an das Versprechen Jesu, der uns sagt, dass Gott uns im Augenblick unseres Todes bei sich in unermesslicher Güte aufnimmt, damit wir die wiederfinden, die wir kannten und geliebt haben. Erinnerst du dich, ich habe dir von meiner Leidenschaft erzählt, den Sternenhimmel zu beobachten. Nun, ich habe dabei gelernt – und ich bin darüber immer noch erstaunt –, dass unsere Erde nur ein winziger Teil des Universums ist, in dem sich Abermillionen von Sternen herausgebildet haben. Ist das nicht großartig, all diese kleinen leuchtenden Punkte! Nun sind diese Sterne und all das, was am Himmel funkelt, nichts anderes als eine außerordentliche Überfülle von Leben. Für mich ist das bereits das Zeichen des Lebens mit Gott. Gott, der die Liebe ist, ist das Leben, er ist überall um uns gegenwärtig. Sehr oft sind wir ihm schon begegnet, ohne es zu wissen. Behalte dieses Wort Jesu gut im Gedächtnis: „Wenn einer liebt und auf mich vertraut, dann wird er leben, auch wenn er stirbt."

Sag mal, können alle ins Paradies kommen?

Ich sehe das so: Auf der Erde gibt es Menschen, die versuchen, an die anderen zu denken. Doch es gibt auch solche, die nicht an andere denken. Du musst verstehen, dass es unsere Taten während unseres ganzen Lebens sind, die über unseren Platz an der Seite Gottes, der die Liebe ist, entscheiden. Das Paradies und die Hölle sind nichts anderes als die Verlängerung unseres Tuns auf Erden.

Was muss man also tun, um ins Paradies zu kommen?

Von seiner Freiheit Gebrauch machen, um zu lieben und um die glücklich zu machen, die es am dringendsten brauchen. Ich möchte gern auf einen Punkt meinen Nachdruck legen, wenn du magst. Wie du gerade so richtig betont hast, ist es niemals leicht, alle zu jeder Zeit zu lieben. Doch es zu versuchen heißt bereits auf dem Weg ins Paradies sein. Ein alter Freund von mir, der in einer der ärmsten Gegenden Brasiliens lebte, Dom Hélder Câmara, sagte immer wieder: „Ein Heiliger ist nicht der, der keine Sünde begeht, sondern einer, der millionenfach sündigt und in Freude und Demut millionenfach von Neuem beginnt."

Stimmt es, dass unsere Seele unseren Körper verlässt, wenn man stirbt?

Unser ganzes Leben lang und besonders in deinem Alter entwickeln wir uns unaufhörlich. Hast du niemals gehört, wie ein Erwachsener ausruft: „Aber ich erkenne dich gar nicht wieder, wie hast du dich bloß verändert!" Und dennoch bist du immer noch derselbe, mit demselben Vornamen und demselben Familiennamen. Wenn wir unser Leben verlassen, um Gott zu begegnen, der die Liebe ist, dann ist es ein bisschen wie in diesem Fall. Körperlich haben wir uns vielleicht verändert, doch im Grunde unseres Selbst bleiben wir immer dieselben. Für Gott, der die Liebe ist, sind wir einzigartig und unersetzlich. Dennoch glauben einige in einigen Weltregionen und sogar bei uns in Europa, dass man nach einem ersten Leben noch einmal in einer anderen Person oder unter anderer Gestalt leben könne. Erinnerst du dich, wir haben dieses Thema schon angesprochen, die Wiedergeburt. Ich glaube nicht daran, doch ich habe einen tiefen Respekt vor denen, die daran glauben. Das, worauf es ankommt, ist, dass Gott, der die Liebe ist, eine große Macht ist, und nur er allein kann uns wieder zum Leben erwecken.

Oft sagt man, wenn jemand stirbt, dass er in den Himmel gekommen ist. Warum?

Lange Zeit hat man erklärt, dass im Augenblick des Todes unser Körper in die Erde gebettet wird und unsere Seele, oder wenn du willst unser Geist, zum Himmel emporsteigt. Das ist ein schönes Bild. Es wird uns niemals völlig gelingen, die passenden Worte für das zu finden, was im Augenblick des Todes geschieht. Es stimmt, wenn jemand stirbt, dann legt man seinen Körper ins Grab, und dann sagt man, dass er in den Himmel emporgestiegen ist. Was heißt das? Dass die Worte mehrere Bedeutungen haben. Wenn du so willst, ist das ein Bild, das die Reise unseres irdischen Lebens zu Gott, der die Liebe ist, veranschaulichen soll.

Kann man die anderen auf der Erde sehen, wenn man in den Himmel gekommen ist?

Mein ganzes Leben lang habe ich mit meinen Augen, mit meinen Händen, mit meinen Ohren und mit meinem Herzen gesehen. Das mag dir komisch vorkommen, dass man mit seinen Händen oder seinen Ohren sieht, doch es geht hier um eine Frage des Gefühls, der Empfindsamkeit und der Liebe. Und ich bin davon überzeugt, dass wir ohne einander nicht leben können. Es gibt einen schönen Ausdruck, um diese Kraft zu bezeichnen. Er heißt „Gemeinschaft". Deshalb glaube ich, dass diejenigen, die im Himmel bei Gott, der die Liebe ist, sind, ständig mit uns verbunden sind. Übrigens nennt man einige von ihnen Heilige. Hast du schon Statuen, Fotos und Bilder von Heiligen gesehen? Was mich betrifft, so nehmen sie einen großen Platz in meinem Leben ein. Wenn ich bete, dann stelle ich ihr Bild vor mich hin, wie zum Beispiel das der heiligen Thérèse von Lisieux, von Franz von Assisi oder auch das von Frau Coutaz. Das ist meine Weise, mit ihnen zu sprechen, ihnen wieder zu begegnen und mit ihnen Gemeinschaft zu pflegen.

Das ist tatsächlich so, als würdest du mit den Toten kommunizieren. Heißt das, dass es Geister gibt?

Nicht so, wie du dir das vorstellst. Bei meinen vielen Reisen rund um die Welt habe ich festgestellt, dass meine Freunde Glaubensüberzeugungen haben, die sich von unseren unterscheiden. Ich respektiere diese Menschen, die im Kontakt mit der Natur die Gegenwart von Geistern erkennen, denn sie achten sehr aufmerksam darauf, sich nicht von den Geistern des Bösen überwältigen zu lassen, und bringen oftmals Opfer dar, damit die Geister des Guten sie beschützen. Ich glaube, worauf es ankommt, ist, auf das Leben der Menschen zu achten. Ich für meinen Teil entdecke genau daran, wie großartig das Leben des Menschen und das Leben Gottes ist.

Wofür ist es gut, an Gott zu glauben?

Ich habe mein ganzes Leben damit zugebracht zu versuchen, die Menschen zu lieben, und mich dabei bevorzugt um die Hilflosesten gekümmert. Für ein Buch, das ich vor zwei Jahren geschrieben habe, habe ich den Titel *Erinnerungen eines Gläubigen* gewählt, aber ich glaube heute, dass ich lieber den Titel *Erinnerung an eine Liebe* hätte wählen sollen. In diesem Buch hatte ich das Bedürfnis zu sagen, worin das Wesentliche meines Lebens bestand. Ich hatte das Bedürfnis, für all das zu danken, was mir gegeben wurde, für das einzigartige Geschenk, Gott, der die Liebe ist, kennenzulernen, für Emmaus. Siehst du, heute, mit 87 Jahren, bin ich immer noch von demselben Gefühl durchdrungen. Ich glaube, dass jeder Mensch von Gott, der die Liebe ist, geliebt wird, dass er seinen Beistand erfährt, von ihm begleitet und in Hoffnung erwartet wird. Man muss davon überzeugt sein, dass er nichts als das Gute für die Menschen will, aber dass dieses Glück von uns abhängt.

Ich verstehe völlig, dass die Leidenden, die zutiefst Verletzten an diese unendliche Liebe nicht glauben können. Nicht sie tragen die Verantwortung, sondern wir, die Privilegierten, die ein Dach über dem Kopf, Arbeit, Gesundheit und Geld haben, sind schuld. Wir müssen uns die Frage stellen: „Was haben wir aus den Gaben Gottes gemacht, was haben wir für unsere vergessenen Geschwister getan?" Angesichts all des Unglücks in der Welt hätte ich die Güte Gottes, der die Liebe ist, in Frage stellen können, aber ich habe daran kein einziges Mal gezweifelt. Denken wir an die Worte Jesu:

> Im Augenblick des Todes,
> wenn du zu Gott kommst,
> wirst du diese Worte hören …

„Ich hatte Hunger,
und du hast mir zu essen gegeben.
Ich war allein,
und du hast mich besucht.

Ich war nackt,
und du hast mich bekleidet.

Ich hatte Hunger,
und du hast mir nicht zu essen gegeben.
Ich war allein,
und du hast mich nicht besucht,
Ich war nackt,
und du hast mich nicht bekleidet.“

Nun verstehst du also:

„Was du den Geringsten unter den
Menschen getan oder nicht getan hast,
das hast du MIR getan oder nicht getan.“

Der Autor:

ABBÉ PIERRE kam am 5. August 1912 in Lyon (Frankreich) zur Welt. Gegen den Willen seiner wohlhabenden Eltern trat er mit 19 Jahren in den Kapuzinerorden ein und wurde 1938 zum Priester geweiht. Als Mitglied der Résistance setzte er sich im Zweiten Weltkrieg für jüdische Flüchtlinge ein; von 1945 bis 1951 war er Abgeordneter zum französischen Parlament, wo er wesentlichen Anteil am Gesetz über den Zivildienst hatte und sich für den sozialen Wohnbau einsetzte. 1949 gründete er die Emmaus-Bewegung, die heute in zahlreichen Ländern der Erde arme und obdachlose Menschen unterstützt.

Abbé Pierre führte 30 Jahre lang die Umfragen nach dem beliebtesten Franzosen an, bis er 2005 auf eigenen Wunsch nicht mehr in dieser Rangliste geführt wurde. Mit seinem Tod im Jahre 2007 hat Frankreich, so der damalige Präsident Jacques Chirac, „eine immense Persönlichkeit verloren, ein Gewissen, einen Mann, der das Gute verkörperte." Im Jahr 2012 wird der 100. Geburtstag und der 5. Todestag des „Vaters der Armen" begangen.